Planificación de ventas y operaciones

S&OP

en 14 claves

Cristina Peña Andrés

Con la colaboración de:

www.logisnet.com

*A los que me hacen sentir feliz y alegre cada día
con solo su sonrisa.*

A Diego, Álvaro y Jorge, mi mayor tesoro y legado.

Agradecimiento

Esta guía ejecutiva constituye un proyecto que me ha permitido desarrollar de manera amplia una visión integral de la cadena de suministro, especialmente en cuanto a la planificación global y la gestión de proyectos.

Agradezco a Alberto Tundidor Díaz el exhaustivo trabajo de revisión que ha realizado sobre el libro, la elaboración de los esquemas que acompañan al texto, así como sus aportaciones dirigidas a la gestión del S&OP en las pymes, además de toda la colaboración y el apoyo que me ha ofrecido para tenerlo a tiempo.

Índice

Cristina Peña Andrés (Madrid, 1977), es ingeniero superior industrial por la Universidad Politécnica de Madrid. Cuenta con un MBA Internacional por la Universidad del Escorial (Real Centro Universitario Escorial - María Cristina), y con diferentes cursos universitarios y diplomas relacionados con el comercio exterior y la dirección de empresas.

Actualmente es directora sénior en una posición vinculada al comercio exterior, y a la logística y el transporte internacional en una multinacional del sector de la construcción que exporta a todos los continentes.

Al mismo tiempo es profesora de la Fundación ICIL, un referente en formación logística. Ha impartido numerosos cursos a profesionales, ha dictado ponencias en seminarios y ha colaborado en revistas sectoriales.

Es coautora del libro *Crédito documentario. Guía para el éxito en su gestión*, editado por Marge Books en 2015. A esta primera edición, le siguió una segunda en el mismo año, donde se incluyó un caso práctico desarrollado por completo.

Es autora del libro *Manual de transporte para el comercio internacional. Selección y gestión de transporte para la exportación*, así como de su anexo relativo a las nuevas enmiendas al Convenio SOLAS. También es autora del libro *Negociación para el comercio internacional* y de *Cómo participar en ferias comerciales.*

 @cristinapenaand

 www.cristinapenaandres.com

Presentación

Durante cinco años, he sido *global planning manager* (o *S&OP manager)* en una multinacional formada por oficinas comerciales distribuidas por todo el mundo, a las que se exporta el producto desde un único centro de fabricación localizado en España.

La implantación del S&OP como proceso estratégico para alinear los objetivos de más alto nivel de la empresa con el día a día de las operaciones, fue un reto que afronté desde el primer día de asumir mi responsabilidad.

Años después, me siento orgullosa del resultado de aquel complejo proyecto. Veo cómo fluye este proceso formal, de manera organizada, a través de los diferentes niveles de la empresa, hasta llegar a empapar su propia cultura como un ingrediente intangible que la distingue actualmente por su forma de operar.

En sus inicios, me exigió mucha disciplina en la creación de rutinas, reportes, tablas maestras, análisis y, por supuesto, reuniones. Requerí la colaboración de todas las áreas de la empresa, y tuve que conciliar muchos intereses contrapuestos haciendo uso de la diplomacia y la negociación intercultural.

Siempre mostré la máxima seriedad y profesionalidad. No obstante, no tengo la menor duda de que el impulso definitivo que tuve en el proyecto fue el apoyo absoluto por parte del CEO de la organización, Tony Combe, al que hoy agradezco su confianza en mí para dicha responsabilidad.

Ahora, tras la experiencia, compilo en este manual las bondades de este proceso y su trascendencia para alinear a toda una organización en la consecución de objetivos: desplegando los de alto nivel aguas abajo; pero principalmente, presentando una única verdad para la gestión de la empresa.

Planificación de ventas y operaciones

S&OP

en 14 claves

Introducción

El proceso de planificación de ventas y operaciones, también conocido como S&OP, siglas de *sales and operations planning*, es la herramienta que ayuda a **conciliar la planificación, las finanzas, las ventas y las operaciones** de una empresa, alineando todos los objetivos de sus distintas áreas.

Para que haya un consenso en la organización en la asignación de recursos y el establecimiento de prioridades, es necesario que haya un respaldo absoluto desde la máxima dirección ejecutiva de la empresa.

El S&OP permite comprender el mercado, es decir su demanda potencial, su complejidad, su tendencia, y la participación de la empresa en el mismo.

También permite realizar un análisis interno, en relación a los procesos, las capacidades, los recursos disponibles, las posibilidades al alcance y las restricciones actuales.

La clave del proceso es el sistema de comunicación interdepartamental y divisional, tanto trasversal como aguas arriba o abajo. Independientemente del grado de detalle que se utilice en cada caso, siempre debe distribuir a todos la misma información , que debe ser única y transparente.

Partiendo de esta información, la empresa toma sus decisiones estratégicas y operativas y todos los miembros

Estudio de mercado
Análisis interno
OBJETIVOS
Ventas
Planificación
Operaciones
Financieros
Planificación de ventas y operaciones (S&OP)
Información única y transparente
Comunicación
Decisiones estratégicas y operativas
Objetivo común
Visión holística de la empresa

de la organización, en sus respectivos campos de actividad, pueden actuar de manera proactiva para afrontar los cambios necesarios en el horizonte temporal fijado.

Esta metodología de operación facilita que exista una **visión holística de la empresa** y que esta sea compartida por todas las personas que la componen, de manera que puedan orientar sus esfuerzos en la misma dirección.

Ejemplo

En las empresas que no disponen de un proceso de planificación de ventas y operaciones implantado, es habitual encontrar que su dinámica estratégica parte de un plan de ventas generado por su dirección, sin compartir información con las áreas operativas.

Solo una vez terminado, este plan de ventas se distribuye a todas las áreas de la empresa como mandato que debe lograr cumplirse, sin atender a su realidad, es decir, sin tener en cuenta posibles restricciones o incluso la total imposibilidad de alcanzar los resultados marcados.

El incumplimiento del plan de ventas puede generar un agujero en la cuenta de resultados de la empresa, cuando los resultados a los que se llega no cubren la expectativa de ingresos que se había previsto.

Por el contrario, también se pueden producir situaciones de bajos rendimientos y cifras de negocio negativas, si se cumple justo un plan de ventas diseñado sin tener en cuenta una posible sobrecapacidad de producción.

1

Qué es el proceso de planificación de ventas y operaciones

Es el proceso formal que tiene como objetivo **analizar regularmente la demanda y su suministro,** y se coordinan las áreas de ventas, operaciones y finanzas, permitiendo a la compañía disponer de una revisión estructurada de su carga de trabajo.

El S&OP es uno de los procesos estratégicos de la empresa y suele estar integrado en el plan de negocio de la compañía, en la medida que tiene como objetivo **equilibrar el plan de suministro** (compras/producción) y conciliarlo con el **plan de ventas.**

Su fin último es evitar que una desalineación excesiva entre los planes de suministro y ventas produzca una de estas dos situaciones:

a) La empresa produce mucho más de lo que vende:

- Aumenta el volumen de existencias almacenadas, lo que obliga a la búsqueda de áreas de almacenaje adicionales.
- El volumen de producto almacenado es, además, un activo que pone en riesgo la tesorería de la compañía.
- Esta situación supone un costo de oportunidad.

b) La empresa vende mucho más de lo que produce:

- No se atienden a tiempo todos los pedidos confirmados, con la consecuente insatisfacción de los clientes y la posible erosión de las relaciones comerciales.
- Se puede incurrir en penalizaciones o costos adicionales, asociados a una tasa de servicio deficiente.

Habitualmente, la empresa no puede producir a un ritmo perfectamente sincronizado con la demanda, ya que las fluctuaciones inevitables de esta darían como resultado una producción desequilibrada, con posibles episodios de grandes picos de carga de trabajo seguidos de momentos de mínima actividad.

Este modelo de producción tendría un costo muy elevado, al necesitar mantener a disposición infraes-

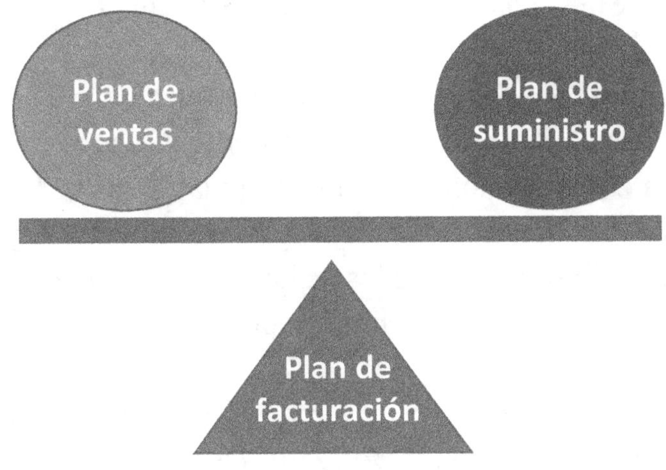

Plan de
ventas
Plan de
suministro
Plan de
facturación

tructuras y recursos que no siempre podrían ser explotados de manera rentable y derivar en comportamientos muy irregulares frente a los proveedores.

Sin embargo, producir de una manera más estable genera beneficios de productividad, ya que se optimizan los recursos y, en consecuencia, la cadena de suministro de la empresa.

El S&OP busca siempre una adaptación progresiva de la producción a las tendencias de la demanda, más fácil de gestionar y más rentable que seguir paso a paso su volatilidad.

En este sentido, la metodología propia del S&OP se acerca a la filosofía *lean (lean manufacturing)*.

La comunicación constante entre las áreas de la organización implicadas en el S&OP, contribuye a lograr el equilibrio en la actividad global de la empresa y a encontrar la situación más favorable para cada área implicada.

Un plan coordinado de ventas y suministro, en buena armonía con el **plan de facturación**, es el resultado de la correcta ejecución del S&OP, y de su consolidación en la empresa.

2

Dónde se emplea el S&OP

El S&OP es el **plan agrupado de suministro y ventas** que alinea todas las áreas de una empresa, al configurar una única realidad transparente para todas ellas.

Su gran aportación es que **proporciona los mismos datos a todas las funciones de la empresa**, de manera que cada área puede desarrollar sus propias estrategias, pero siempre dentro de una **misma visión de la actividad** de la organización.

Es especialmente útil y muy necesario en grupos multinacionales que disponen de diferentes oficinas de ventas y distintas plantas industriales o centros de distribución. No obstante, se puede aplicar a múltiples

Grandes empresas
Empresas de productos
Planificación de ventas y operaciones (S&OP)
Pymes
Empresas de servicios

tipos organizaciones, adaptándose en cada una de ellas a su forma de operación.

En pequeñas empresas también ofrece buenos resultados, ya que estas tienen la misma necesidad de establecer una relación directa entre lo que se proyecta vender y lo que se planifica poner a disposición, bien por vía del *stock* o a través de la fabricación.

Por supuesto, es un proceso que se puede aplicar en empresas de muy diferentes sectores, en los que existen necesidades y condiciones específicas distintas, y es extensible igualmente a empresas de servicios.

3

Quién lidera el proceso de planificación

El S&OP debe estar liderado por la **alta dirección** o su equipo ejecutivo, ya que solo así se garantizará un resultado exitoso.

No obstante, el S&OP debe formar parte de **la cultura de la empresa**, y se debe transmitir su funcionamiento al conjunto de la organización.

Todas las áreas deben conocer la trascendencia de las conclusiones derivadas de cada reunión o reporte, y apreciar estas como una fuente directa de información, a la que deben tener acceso.

La conexión entre los reportes de una u otra área, la **coherencia de los datos** de unos y otros, es la clave para mostrar una única verdad.

Alta dirección
Área 1
Área 2
Área 3
Área 4
Planificación de ventas y operaciones (S&OP)
Coherencia
Transparencia
Cultura de la empresa

Por ello, la **transparencia** debe ser un valor fundamental de la empresa. No puede haber distintas contabilidades, ni distintos tipos de reportes, por ejemplo.

En el S&OP **deben estar involucradas todas las áreas o funciones**, aunque no lideren el proceso. Participan distintos niveles jerárquicos según las diferentes fases, aunque en las reuniones ejecutivas se requiere de la asistencia de la dirección sénior para la toma de decisiones.

4

Objetivos del S&OP

Los seis principales objetivos del proceso de planificación de ventas y operaciones son:

1. **Creación de oferta comercial con estimación de plazo de entrega**

   Las oficinas de ventas dan a conocer a los centros de producción propios o colaboradores de la organización en qué sentido están realizando sus esfuerzos comerciales, e indicando qué pedidos podrían confirmarse en breve.

   De esta manera, las oficinas comerciales pueden recibir **plazos de producción estimativos** por parte de los centros de fabricación, con la opción de reservar la capacidad necesaria en los mismos, para poder negociar con sus clientes y cerrar sus ventas.

2. Gestión de desviaciones con clientes

Las oficinas comerciales pueden conocer el **estatus de los pedidos en curso** y comparar su progreso con la planificación inicial de producción. Esto permite detectar desviaciones de manera anticipada y poder estructurar planes alternativos o negociar con los clientes nuevos plazos de entrega. Esto puede ocurrir tanto en el caso de potenciales retrasos en los plazos de puesta a disposición, como en el caso contrario, si a la empresa le interesara adelantar alguna entrega, con el objetivo de salvaguardar el equilibro de la producción.

3. Replanificación

El S&OP permite resolver conflictos y establecer prioridades, para llegar a acuerdos que minimicen posibles perjuicios al conjunto de las operaciones.

La replanificación para **ajustarse a la situación de cada momento,** ofrece la opción de trabajar conjuntamente por un horizonte común e implantar planes de acción a tiempo. Por ejemplo, se puede conseguir forzar la actividad en un momento dado para cumplir un plazo de entrega, o gestionar potenciales penalizaciones, entre otras opciones.

4. Predicciones

Tanto las oficinas de venta como los centros de fabricación pueden elaborar una **predicción de su actividad** sobre la base de datos realistas y consensuados.

Los centros de producción pueden tener visibilidad sobre su carga de trabajo y realizar **análisis de capacidad**, determinando requerimientos de mano de obra, suministros y financiación.

Los centros de distribución o los almacenes intermedios pueden estudiar el modo de mantener el **menor inventario** que garantice la tasa de servicio pactada, o generar *stocks* de seguridad contractuales cuando el riesgo de la actividad lo requiera.

5. Planes estratégicos de ventas, producción y financieros

Con las predicciones hechas por las diferentes áreas de la empresa, se pueden desarrollar los correspondientes planes estratégicos:

- **Plan de ventas.**

- **Plan de producción**, del que derivan otros:

  - *Plan de suministro*, que describe las compras que hace la empresa respecto a lo que necesita para su operación.
  - *Plan de capacidad*, que describe la explotación de los recursos productivos disponibles.
  - *Plan de contratación*, para disponer de más recursos humanos.
  - *Plan de formación*, para capacitar a los equipos profesionales en áreas específicas.
  - *Plan de reestructuración*, para prescindir de personal propio o externo que definitivamente no vaya a ser necesario.
  - *Plan logístico*, para garantizar el suministro de materiales y definir cómo hacer llegar la empresa a sus clientes los productos que hayan comprado.
  - *Plan de inventario*, que analiza de forma razonada las existencias que se vayan a mantener.

- **Plan financiero**, para describir cómo se soportan los costes de la producción prevista y se mantiene una economía saneada en la empresa. De él se derivan dos planes adicionales:

  - *Plan de facturación*, sobre la base de los datos realistas de la actividad de la empresa, se

Objetivos del S&OP

1 Creación de oferta comercial con estimación de plazo de entrega

2 Gestión de desviaciones con clientes

3 Replanificación

4 Predicciones

5 Planes estratégicos de ventas, producción y financieros

6 Estrategia de la cadena de suministro

pueden establecer calendarios de ventas e ingresos y de compras y costos.

– *Plan de tesorería*, para analizar la situación económica de la empresa en cada momento de un periodo de tiempo determinado.

6. Estrategia de la cadena de suministro

Toda la información disponible permite establecer la estrategia necesaria para el cumplimiento de los **compromisos con los clientes**.

Facilitar predicciones de demanda lo más certeras posibles es el modo más eficaz de **integrar a los proveedores** en la cadena de suministro.

5

Cómo se desarrolla
el S&OP

Es fundamental nombrar a un **líder de proceso,** que será el responsable de su ejecución y desarrollo continuo.

Dicho responsable consolidará **reuniones periódicas y formales entre las funciones de ventas y operaciones** empleando, si es posible, un calendario prefijado, y requiriendo una asistencia sénior obligatoria que represente a las distintas áreas o funciones, de manera que se puedan pactar acuerdos en el trascurso de las reuniones, si esto fuera necesario.

Es recomendable que el área financiera esté presente, pero si no pudiera, es necesario que siempre disponga de los resultados negociados en cada encuentro.

Es conveniente compartir una **agenda previa a las reuniones**, haciendo un listado de los principales puntos a debatir. Así, los participantes podrán preparar la documentación pertinente y ponerse al día sobre los aspectos más relevantes de sus equipos, con el fin de presentar o debatir sus inquietudes de manera organizada.

No son reuniones para sorprender *in fraganti* a nadie, sino para poner encima de la mesa todas las cuestiones o puntos abiertos y gestionarlos de manera conjunta. Una agenda permite, además, que las personas que habitualmente no están presentes en las reuniones, tengan la opción de participar en aquellas en las que exista un punto clave a debatir que les afecte o del que sean responsables.

Igualmente, son fundamentales las **actas de reunión**. Su utilidad se incrementa con su envío inmediato, con un resumen de las conclusiones y acuerdos alcanzados.

Las actas de reunión o la documentación adicional generada en el proceso, deben distribuirse a todas las áreas de la organización que puedan resultar afectadas por las decisiones tomadas en los asuntos debatidos y ya cerrados, así como por el progreso de las negociaciones aún pendientes.

Durante estas reuniones se analizan las **mejores alternativas de rentabilidad** para la empresa, así como los **riesgos asociados** a las diferentes situaciones, y el

Líder del proceso
Agenda
Área ventas
Área operaciones
Área financiera
Reuniones S&OP
Alternativas
Reflexión colectiva
Riesgos
Acuerdos
Actas de reunión
Difusión
Planes de contingencias. Planes de acción
Actualización de datos de las áreas de la empresa

grado de asunción de los mismos que la dirección está dispuesta a admitir.

Del planteamiento simulado de distintos escenarios surgen los **planes de acción**, así como los **planes de contingencias**. Esto permite a las organizaciones anticiparse a hipotéticas condiciones adversas que se pudieran dar, y reaccionar ante ellas de manera proactiva y sistemática.

En todas las áreas de la empresa se generan datos, que pueden estar contenidos en **tablas maestras, bases de datos o sistemas de gestión**, y son modificados o actualizados sobre la base de las reflexiones y acuerdos alcanzados en las reuniones. Posteriormente, deberá existir un proceso de compilación y análisis de datos agrupados, que permitirá obtener un mapa de situación realista de la empresa.

6

Las reuniones en el S&OP

Los cinco puntos principales del proceso de planificación de ventas y operaciones que se deben analizar durante las reuniones son:

1. **Nuevos trabajos en fase de oferta**

   Es positivo concentrarse en los que tienen una probabilidad elevada de ser ganados, así como en aquellos que se decidirán en breve.

   Además, es importante analizar si se les debe **reservar capacidad de producción o existencias.** Esto dependerá de las impresiones del equipo comercial, y de la confianza que exista en que la venta llegue a ejecutarse.

Es responsabilidad del equipo comercial estimar la **capacidad de conversión** en ventas del volumen que se encuentra en fase de oferta.

2. **Replanificaciones durante la fase de obtención de pedidos**

   Se trata de proyectos o pedidos que se esperaba haber conseguido, y para los que se disponía, por tanto, de capacidad de producción o de existencias reservadas, pero que no se han ganado aún, y que obligan a un **ajuste** ágil **de la planificación** a las nuevas expectativas.

3. **Condiciones de entrega de pedidos obtenidos**

   Después de las negociaciones comerciales, los proyectos o pedidos conseguidos tendrán unas condiciones de entrega pactadas que no siempre coincidirán exactamente con el planteamiento inicial previsto.

   Hay que **comprobar la capacidad reservada** para saber si permitirá alcanzar la entrega en las condiciones finalmente comprometidas, o si habrá que hacer cambios. Esto permite confirmar los pedidos o solicitar modificaciones en los mismos.

   Es importante fijar las distintas fases por las que pasará el producto: diseño, aprovisionamientos, fabricación, montaje, pintura, control de calidad, etc.; para realizar un análisis de los

riesgos potenciales que podrían impedir el cumplimiento de la entrega al cliente final en las condiciones pactadas.

Se debe verificar que con la **información recibida** es posible el desarrollo de los trabajos de manera correcta.

Si hubiera alguna incidencia documental o requisito de difícil cumplimiento, es el momento de advertirlo.

4. **Revisión del trabajo en curso**

Esta parte del proceso se corresponde con una **actualización de los trabajos en curso.** Para ello, con carácter general, se debe suministrar la información siguiente:

- Un resumen del progreso de cada trabajo en curso.
- Una identificación de los retos de la cadena de suministro (plazos ajustados, nivel de precio, homologación de proveedores, nuevos materiales o componentes, normativas, etc.).

5. **Analizar y debatir la puesta a disposición (salidas) de producto terminado**

La pregunta clave se corresponde con la fecha de la puesta a disposición del producto terminado. Esta se basará en las **posibles existencias dis-**

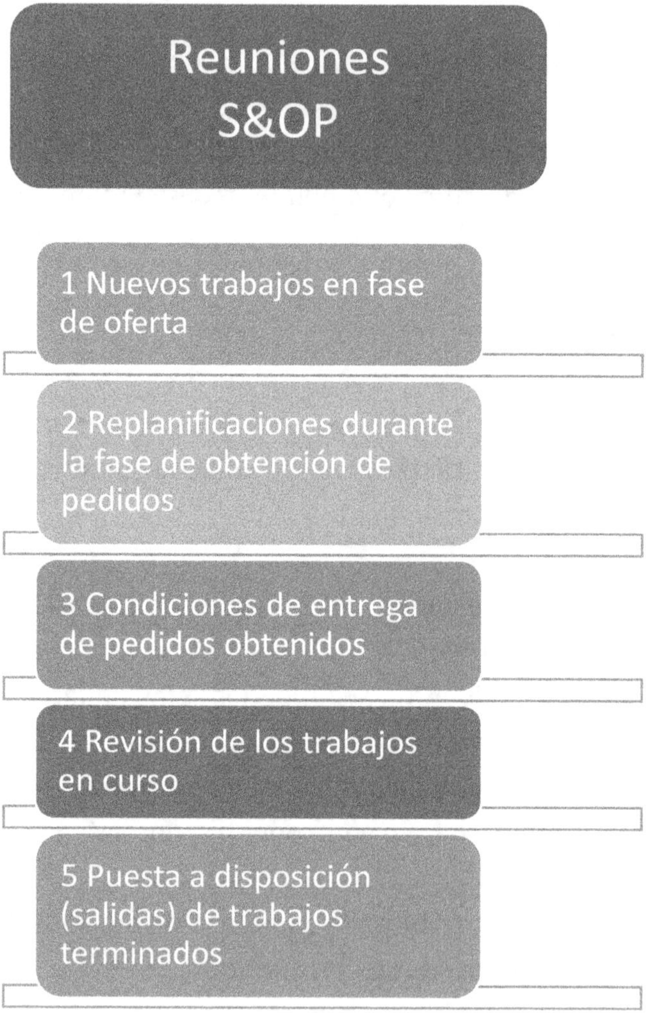

Reuniones
S&OP

1 Nuevos trabajos en fase de oferta

2 Replanificaciones durante la fase de obtención de pedidos

3 Condiciones de entrega de pedidos obtenidos

4 Revisión de los trabajos en curso

5 Puesta a disposición (salidas) de trabajos terminados

ponibles en el almacén (por tanto, localizables de manera automática), o en un **proceso productivo** previo según la planificación del área de producción.

Los puntos clave a concretar, suelen ser:

- La carga de la mercancía en la unidad o vehículo de transporte (quién, cómo, cuándo y dónde).
- El proceso de transporte (modo, medio, precio).
- Las condiciones de entrega (regla Incoterms, fecha de entrega, aduana en el país de destino, documentación necesaria, etc.).

7

Las actas de las reuniones

Las actas de reunión contienen un resumen de los principales asuntos analizados en cada encuentro.

En ellas se debe definir la **carga de trabajo** que se canaliza desde el área de ventas a las de fabricación o distribución, cotejando las expectativas que había de **entradas de pedidos** con la demanda real confirmada.

En las actas también se debe precisar la **capacidad total reservada** en los centros de fabricación, especificando los proyectos, las ofertas o los trabajos específicos con los que se corresponde.

Otro aspecto clave que han de definir es **qué prioridades** se han establecido para cada trabajo, de acuerdo con el tipo de cliente, el valor de las penalizaciones por incumplimiento de las condiciones pactadas u otras variables.

Deben reflejar también el **cumplimiento de las fechas de entrega** comprometidas para los productos contratados, y el coste potencial que implicaría un retraso.

Asimismo, hay otras informaciones que no deben obviarse, como qué encargos están a punto de conseguirse, qué características tienen los nuevos trabajos, a qué tienden los tipos de productos o si hay variaciones o modificaciones previstas en algún trabajo, por ejemplo.

Es importante reflejar con rigor y de manera completa y fiel todas las reflexiones, los riesgos potenciales debatidos, los puntos de vista de los intervinientes y los acuerdos alcanzados.

El **envío inmediato del acta**, justo después de que la reunión haya tenido lugar, y su difusión instantánea por las distintas áreas funcionales, son fundamentales para que sea una herramienta operativa, con la que se podrá contar para usos posteriores en otras áreas.

Una **estructuración sistematizada** del acta facilitará su lectura y comprensión. Es conveniente, incluso, normalizar su formato con el del sistema de gestión de la empresa.

Para asegurar que el acta sea el fiel reflejo de los contenidos de las reuniones, y que las personas que participan en las mismas así lo asuman, las principales opciones son:

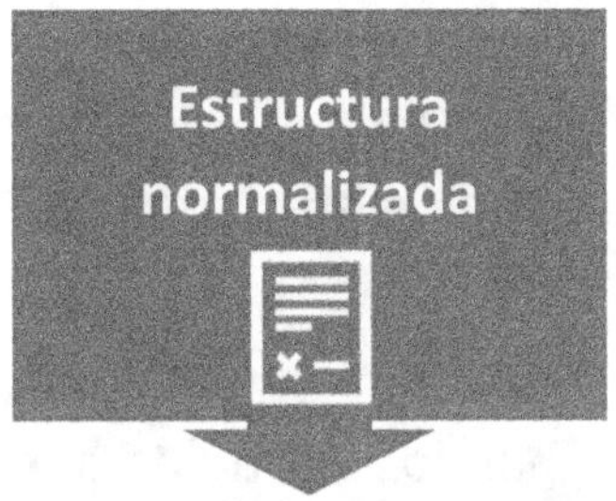

Estructura
normalizada

Acta de reunión

• Demanda real confirmada (en comparación
con las expectativas de pedidos)
• Capacidad total reservada
• Carga de trabajo (del área de ventas a la de
operaciones)
• Prioridades para los trabajos
• Fechas de entrega comprometidas (análisis de
cumplimiento)
Reflexiones, debates, acuerdos

Validación

Envío

- Cualquier persona que participe de la lista de distribución de correo a la que se remite el acta puede contestar al correo de difusión si considera que algo no es correcto, o que no es exacto y requiere ser matizado, o si simplemente desea incorporar alguna información adicional.

- Preparar un acta previa que se distribuye para su ratificación por los participantes y, solo tras la aprobación de todos ellos se distribuye al resto de la organización.

- Redactar el acta durante la propia reunión, dejándola firmada por todos los participantes a la finalización de la misma. En reuniones a través de videoconferencia, se puede compartir la pantalla mientras se escribe un texto colaborativo, que permite manifestar en tiempo real la conformidad a cada texto escrito.

8

Periodicidad del S&OP

El **ciclo de vida de los productos** marca el seguimiento más o menos frecuente del proceso de planificación de ventas y operaciones. Cuanto más volátil sea la demanda y cuanto más cortos sean los ciclos de vida del producto, los periodos de revisión formal deberán ser más próximos en el tiempo.

El ciclo de vida del producto determina en gran medida los calendarios, riesgos y costos, es decir:

- La programación de la introducción y retirada de productos en el mercado marcará hitos en la planificación.
- Los costos de cada etapa de producto son diferentes, así como los márgenes que se pueden obtener

Periodicidad del S&OP

(Planteamiento habitual)

Reuniones S&OP: mensual

Revisión: semanal

Actualización: diaria

Ciclo de vida del producto

Seguimiento del S&OP con una frecuencia relativa, en función de la fase del ciclo de vida del producto.

de ellos (el costo de las ventas en etapas de lanzamiento y promoción, es distinto que en su etapa de madurez). También es importante aprovisionar para cuando se deban encontrar sustitutos que reemplacen la cuota de producción mantenida por productos que se necesite retirar.

- El análisis de la tipología de producto en conjunto permitirá amortiguar el peso de los distintos ciclos de vida.

En general, **las reuniones ejecutivas son mensuales**, pero semanalmente debería haber revisiones de menor nivel, así como un seguimiento diario de todas las incidencias, cambios en la planificación, cambios en la capacidad y reportes entre áreas de asuntos que sean relevantes.

9

Los macrodatos aplicados al S&OP

Los macrodatos o la inteligencia de datos, también conocidos como *big data,* sirven para **interpretar el conjunto de datos disponibles** de la empresa, y tomar decisiones ejecutivas sobre la base de criterios objetivos.

Las empresas con resultados satisfactorios se distinguen precisamente por su capacidad de interpretar las tendencias y visualizar los cambios a tiempo. Para ello, trabajan continuamente interpretando los datos adecuados mediante **métricas o indicadores clave** que miden el desarrollo de su actividad y con **cuadros de mando** que representan su realidad, y ofrecen propuestas sobre cuáles son los puntos de mejora y dónde se debe actuar.

Los indicadores clave se deben definir de manera coherente con los objetivos fijados por la empresa. Se puede medir, por ejemplo, el volumen de ventas, el precio unitario, el margen comercial, los días de inventario o la tasa de servicio, por ejemplo.

Existen **modelos matemáticos** estadísticos que recogen datos y los organizan y procesan según distintos parámetros, proporcionando una imagen analítica de la empresa: tendencias, aspectos críticos, etc.

Los macrodatos permiten, en definitiva, dotar de «inteligencia matemática» a los distintos procesos de la empresa. Algunos modelos actuales conllevan incluso una base importante de creatividad y tratan de adaptarse a cada negocio de manera independiente, interpretando incluso datos desestructurados que antes no se podían procesar.

El proceso de planificación de ventas y operaciones se puede beneficiar de la potencialidad que ofrecen los macrodatos. Si la empresa es capaz de extraer de su operación **datos con suficiente calidad**, podrá hacer del S&OP una herramienta muy eficaz para la planificación de la producción. Le permitirá abastecerse, capacitarse o ajustarse con antelación a la demanda esperada y generar previsiones con menor carácter intuitivo y más basadas en cifras, tanto para las áreas financieras para optimizar la cadena de suministro.

En cualquier caso, todo análisis de S&OP requerirá de sentido común, conocimiento y visión del negocio,

Datos
(Con suficiente calidad)
Macrodatos
Modelos matemáticos
Creatividad y sentido común
Planificación de ventas y operaciones (S&OP)
Cuadro de mando
Indicadores (KPI)
Mejora en las predicciones y decisiones

uso de técnicas de estadística o de gestión de datos, y una mente ordenada y metódica.

Los principales retos que afrontan las empresas en la gestión de su cadena de suministro son, precisamente, la previsión de la demanda a los proveedores, la agrupación de la demanda de los clientes y la gestión logística.

Ejemplo

En *marketing* se pueden realizar promociones o campañas publicitarias basadas en los resultados de los análisis de distintos patrones del consumidor.

Se estudian los distintos segmentos de clientes, determinando un perfil de consumidor según su bolsa de la compra, así como sus hábitos de consumo (zona geográfica donde compra, tipología de productos, importe medio, horarios de compra, etc.).

Las empresas emplean estos informes para relacionar los productos que pueden interesar a un consumidor tipo, y así ofertarle productos específicos que tienen más probabilidad de éxito en la venta que otros. Es decir, el análisis de los datos ayuda a perfeccionar las campañas publicitarias.

10

Los beneficios del S&OP

Existen múltiples beneficios para las organizaciones que implantan un proceso de planificación de ventas y operaciones. El conjunto de estos beneficios viene derivado de una **toma de decisiones basados en datos contrastables,** que justifican de una manera objetiva las resoluciones pactadas.

Los beneficios del S&OP se pueden agrupar en tres apartados:

1. **Los cinco grandes beneficios para las oficinas comerciales**

   Los cinco grandes beneficios que reciben del S&OP las oficinas comerciales o puntos de venta son:

- **El estudio de los plazos para la oferta**

  El equipo comercial necesitará ofertar aceptando unos **requerimientos temporales de entrega** que, aunque puedan parecer factibles en función de los tiempos de proceso, deben ser contrastados con la situación y capacidad real de los centros de producción.

  La dificultad se halla en la conciliación de los compromisos de entrega que exigen los clientes con las mejores fechas potencialmente alcanzables, según la **capacidad disponible**, o con las que se podrían llegar a tener con un plan de actuación concreto pactado.

  Existen tiempos de espera previos a cada proceso que crean **cuellos de botella**. No siempre serán los mismos, ni serán de la misma magnitud, por lo que la revisión de los tiempos de espera parciales para un proceso productivo específico ayudará al cálculo realista de un tiempo de proceso global actualizado.

  Asimismo, la capacidad de producción cambia y nunca es infinita, contrariamente a lo que los sistemas informáticos presuponen a veces en su configuración, por lo que hay que comparar las expectativas con la realidad.

- **La reserva de recursos**

  En sistemas de producción FI-FO *(first-in / first-out)*, el primer pedido que llega es el primero en gestionarse.

  La reserva de capacidad, así como la reserva de recursos o partidas presupuestarias, son aspectos clave a la hora de atender un pedido comprometido en condiciones muy ajustadas.

- **Análisis de las salidas o entregas**

  La revisión conjunta por las áreas de ventas y de operaciones del orden de las salidas, el estudio del origen de las desviaciones respecto a las expectativas, y el análisis de los retrasos, permiten al equipo comercial adelantarse a posibles problemas y **forzar planes de actuación** a nivel de empresa. Esto es especialmente importante si la situación es realmente delicada y hay pérdidas importantes asociadas, o bien tratar de negociar una nueva fecha de entrega con el cliente.

  También permite crear soluciones creativas, como contar con la colaboración de terceros, ofrecer informaciones adicionales o flexibilidades que ayuden a simplificar desarrollos, otorgar premios o mayores márgenes al equipo de producción que le permitan contar con horas extras, solicitar pedidos a proveedores con plazo urgente de mayor costo, o simplemente permitir cambios en la secuencia de las órdenes de trabajo relativas a un área, retrasando el plazo de un cliente menos relevante o con menor criticidad en sus requerimientos para favorecer a otro con una situación límite.

- **La gestión con clientes**

  Si un compromiso temporal no va a poder cumplirse, e internamente no se encuentra la vía de solucionarlo, no quedará otra alternativa que acudir al cliente final y exponerle la situación.

  Saber **gestionar no conformidades** con clientes es todo un arte, y de ello depende muchas veces su satisfacción o su descontento con la empresa.

  Una no conformidad pone en juego los costos asociados al incumplimiento, la imagen de marca de la empresa y la futura relación del cliente con ella.

  Por eso es importante actuar cuanto antes: comunicar al cliente cualquier retraso no recuperable tan pronto se conozca, y disponer de un flujo de comunicación positivo, incluso con muestras o evidencias del progreso cuando la monitorización pueda ser relevante y haya penalizaciones en juego.

- **El plan de ventas**

  El área de ventas, basada en la demanda que ha estudiado y tras conocer lo que la capacidad pactada le puede permitir, ordenará sus prioridades, estableciendo su plan de ventas.

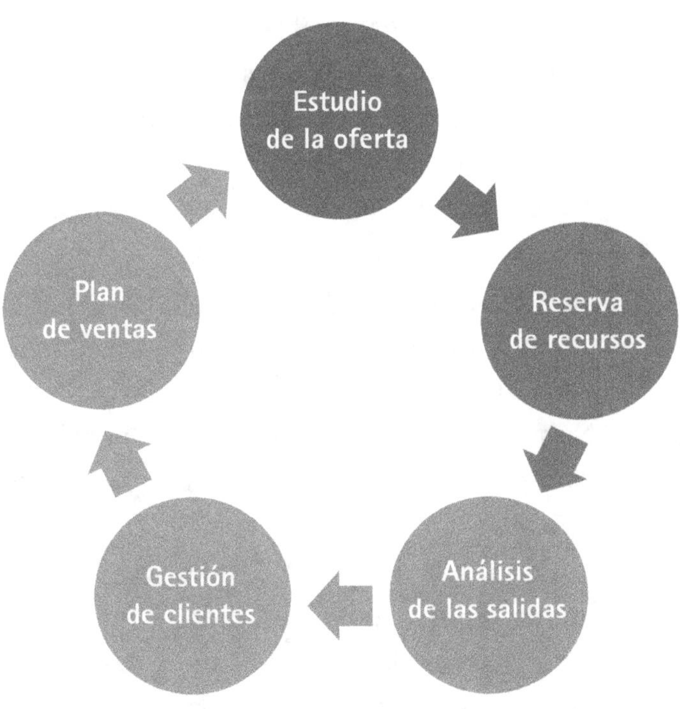

2. Los cinco grandes beneficios para los centros de producción

Los cinco grandes beneficios que reciben del S&OP los centros de producción o de distribución son:

- **Previsión de trabajo según las expectativas reales de ventas**

  Significa producir según lo que la función comercial, cercana al cliente y al mercado, estima en un plan de ventas y no según las intuiciones que el área de producción pueda considerar.

- **Estudiar la capacidad propia**

  Se estudia la capacidad de las instalaciones, equipos, maquinaria y mano de obra con adelanto suficiente para saber si es viable o no la carga de trabajo estimada, y si se podría adecuar o no la capacidad disponible a las expectativas.

  Con la previsión y el tiempo suficientes, **se puede modificar la capacidad** a través de la ampliación o la reducción de espacios productivos o de almacenaje, mediante operaciones de compra o alquiler. También es posible realizar adaptaciones de la maquinaria, las herramientas o los equipos de otra índole.

Respecto a los recursos humanos, se puede ampliar o reducir la mano de obra disponible, además de contar con la subcontratación o externalización de áreas que tengan mucha carga prevista.

Otro aspecto que se ha de considerar es el de formar al personal con la antelación suficiente, bien porque se trate de nuevas contrataciones o porque se busque su polivalencia y adaptación a nuevas funciones.

Por último, se pueden establecer calendarios laborales flexibles, adaptados a la estacionalidad, o turnos de vacaciones específicos que permitan que se continúe operando en cada área.

- **Analizar la cadena de suministro**
  El análisis de la cadena de suministro facilita colaborar más estrechamente con los proveedores, **negociando por adelantado** plazos, cantidades o tasas de servicio; haciéndoles partícipes del volumen de pedidos estimado y los posibles compromisos de entrega necesarios para cumplir la demanda esperada.

  Permite conocer el rápel o descuento potencial sobre la tarifa normal que pueden ofrecer los proveedores en función de los volúmenes de consumo.

También impulsa la búsqueda de nuevos materiales o nuevos proveedores, si los disponibles tienen riesgo de no tener la capacidad adecuada, iniciando por anticipado nuevos procesos de evaluación y homologación de los mismos.

- **Priorización de fechas**
La planificación de las órdenes de trabajo para los diferentes pedidos conlleva su clasificación con un orden de entrada.

Independientemente de los planes de acción que puedan desarrollarse en el trascurso de una actividad para agilizar los distintos procesos que la componen (diseño, aprovisionamiento, fabricación, montaje, etc.), la planificación inicial siempre marca la secuencia en que cada pedido se introduce en el ciclo y determina el resultado global del proceso de producción.

Obviamente, se planifica y se replanifica a lo largo de toda la actividad, y es fundamental conocer por qué se hacen y en qué se basan estas acciones. En ocasiones, se debe a razones de productividad y eficiencia, para aprovechar lotes, moldes, actividad de máquinas en funcionamiento, etc. En otros casos, los cambios de planificación responden a deseos de los clientes, a los que se debe conceder mayor o menor prioridad según su volumen de pedidos e importancia en la cuenta de resultados de la empresa.

Pero habrá ocasiones en que se deberá modificar la planificación inicial debido a requerimientos que conllevan un sobrecosto por penalización si no se cumplen determinados requisitos, como por ejemplo:

- Acuerdos contractuales.
- Compromisos relacionados con la fase de instalación (por ejemplo, maquinaria y equipos auxiliares imprescindibles para realizar el trabajo, y que solo estarán disponibles durante un periodo máximo de tiempo).
- Créditos documentarios.

En estos casos, el diálogo entre todas las partes, bajo la supervisión y con la decisión en última instancia de las correspondientes direcciones, es el que definirá la priorización correcta con la que la empresa como conjunto resulte más beneficiada.

- **Plan de producción**
  El área de producción, sobre la base de la demanda esperada y tras plantearse una ade-

cuación o no de la capacidad, establecerá el volumen que sea posible atender, y lo planificará según las prioridades pactadas, estableciendo su plan de producción.

PLANIFICACIÓN DE VENTAS Y OPERACIONES S&OP EN 14 CLAVES

3. Los cinco grandes beneficios para la empresa o el grupo empresarial

Los cinco grandes beneficios que reciben del S&OP las empresas o los grupos empresariales son:

- **Previsión de la actividad basada en expectativas realistas de ventas**

  La demanda esperada se estima partiendo de datos en tiempo real sobre el estado en el que se encuentran las gestiones comerciales emprendidas por el área de ventas.

- **Plan de facturación**

  Basándose en la actividad esperada y las fechas de puesta a disposición, se puede establecer un calendario de facturación con los importes correspondientes. Es lo que se conoce como plan de facturación.

- **Plan de tesorería**

  De acuerdo con la facturación esperada, y según las condiciones de venta de cada proyecto, se puede establecer un calendario de cobros, comúnmente llamado plan de tesorería.

- **Gestión de clientes y análisis de recursos**

  La dirección de la empresa obtiene un conocimiento único de:

- La evolución de las ventas por áreas geográficas, por segmentos de cliente o por tipo de producto.
- El potencial del mercado.
- La tasa de transformación de esfuerzos comerciales en pedidos.
- El estatus de cada pedido.
- La capacidad de producción y restricciones de la misma; los recursos a poner en juego para modificarla.
- Los retrasos y su implicación en la facturación y en la tesorería.
- Las inversiones que se deben realizar para cumplir los objetivos de ventas.
- Los conflictos con clientes.
- La problemática de la cadena de suministro.

- **Presupuestos generales**
  La alta dirección podrá establecer presupuestos generales sólidos sobre la base de las informaciones conciliadas.

> La ventaja clave que representa el S&OP es la integración de los planes estratégicos de alto nivel con el día a día de las operaciones.

Forecast: previsión de actividad
Plan de facturación
Plan de tesorería
Gestión de clientes y análisis de recursos
Presupuestos generales

11

El S&OP como proceso

El S&OP es un proceso que debe contar con entradas, salidas, recursos necesarios (registros y documentación asociada) y mecanismos de control (indicadores).

Puede figurar con su hoja de proceso cumplimentada en un sistema de gestión ISO 9001, identificando los cinco apartados siguientes:

1. **Entradas**
   - **Información del área de ventas** (pedidos pendientes de conseguir, pedidos adjudicados, expectativas y prioridades de clientes)

- **Información del área de suministro:**
  - *Compras:* plazos de entrega estimados, descuentos posibles en función de consumos, condiciones de trabajo de proveedores, etc.
  - *Producción:* carga de trabajo estimada, nivel de utilización de la capacidad productiva, planificación de la producción, tiempos de procesado estimados, necesidad de recursos, progreso de los trabajos en curso o productos terminados en almacén.

- **Información del área financiera:** estado de la tesorería de la empresa, necesidades de financiación, pagos programados o plazos requeridos de facturación, entre otros.

2. **Salidas**
   - Balance de la demanda y el suministro (producción y compras).
   - Plan agregado de ventas y operaciones.
   - Plan financiero.
   - Cadena de suministro optimizada.
   - Información única y transparente.
   - Visión holística de la empresa.

3. **Recursos**
   - Procesamiento de datos.
   - Análisis de datos.

- Informes de situación.
- Planificación de reuniones.
- Sistemas de comunicación (cuando los participantes en las reuniones del S&OP se encuentren en localizaciones geográficas distintas).

4. **Mecanismos de control**
   - Precisión de la información de entrada al proceso.
   - Calidad del procesamiento y análisis de los datos necesarios.
   - Nivel de cumplimiento de las agendas programadas.
   - Porcentaje de conflictos que se resuelven satisfactoriamente.
   - Nivel de disponibilidad de recursos necesarios para el proceso.
   - Precisión y difusión de las actas de reunión.

Para cumplimentar un sistema de gestión ISO 9001, un proceso de planificación de ventas y operaciones conlleva toda una gama de **documentación asociada**. Entre otros documentos, cabe destacar:

- Inventario.
- Previsión de la actividad.
- Plan de ventas.
- Plan de capacidad.

- Plan de suministro.
- Plan de facturación.
- Plan de tesorería.
- Presupuestos generales

Adicionalmente, se debe dejar constancia de la operación del proceso en una serie de **registros,** como son, principalmente:

- Agendas.
- Actas de reunión.
- Planes consolidados.

Por otro lado, se debe tener en cuenta que en el documento que describa el proceso habrá que definir los cinco puntos siguientes:

- **Objeto del S&OP**
  Formalizar una revisión de demanda y entrega entre oficinas de venta y centros de producción de manera regular y estructurada, centrando la atención en la carga de pedidos presentes y futuros.

- **Alcance del S&OP**
  Incluye el S&OP ejecutivo en cuanto a proceso de análisis y toma de decisiones. No incluye la planificación de la producción, ni la programación diaria de actividades.

Recursos
Entradas
Planificación de ventas y operaciones (S&OP)
Salidas
Controles
Valor aportado
Balance entre demanda y suministro
Plan agregado de ventas y operaciones
Decisiones estratégicas y operativas
Visión holística de la empresa
Documentación asociada
Registros
Indicadores

- **Propietario del S&OP**

  El responsable asignado para liderar el S&OP.

- **Participantes en el S&OP**

  Las personas responsables de las áreas de ventas, operaciones y finanzas, y el director ejecutivo de la empresa (CEO).

- **Indicadores del S&OP**

  Son aquellos indicadores de gestión que se deben controlar mediante un tablero de control y que indican el nivel de funcionamiento del proceso, por ejemplo:

  - Precisión del pronóstico de demanda.
  - Disponibilidad de los recursos previstos.
  - Nivel de servicio.
  - Entregas realizadas en el tiempo acordado.
  - Nivel de inventario.
  - Utilización de la capacidad de producción.
  - Costo del transporte sobre ventas.
  - Variaciones sobre plan de producción.
  - No conformidades con clientes.

El resultado del proceso será un **balance de la demanda y el suministro**, reflejado en un **plan agregado** que aparecerá incluido en una tabla maestra (proveniente del fichero de una hoja de cálculo, una base de datos o de un sistema de gestión informático), así como los acuerdos alcanzados y debates sostenidos, registrados en las distintas actas de reunión.

12

Identificación de los cuellos de botella

Identificar los cuellos de botella en un proceso permite visibilizar las restricciones que se tienen en el día a día para cumplir con los objetivos de la empresa.

En su novela *La Meta*, Eliyahu M. Goldratt estableció la conocida teoría de las restricciones, que indica la **existencia de limitaciones** derivadas de procesos físicos, del mercado o de la propia cultura de la empresa, que deben ser gestionadas para optimizar la producción y adecuarla a la demanda.

Un pronóstico adecuado de las restricciones ayuda a visualizar distintos escenarios futuros, y de esa manera estudiar la forma de adaptar la empresa para posicionarla mejor ante las próximas circunstancias previsibles (carga de trabajo estimada, expectativas de clientes, contexto del mercado, etc.).

Los **modelos lineales de predicción de la demanda**, basados en los datos históricos, solo tienen en cuenta la tendencia creciente o decreciente de la demanda en el periodo de tiempo analizado, y se desajustan y producen errores importantes a causa de las fluctuaciones del mercado.

Se trata de modelos optimistas para augurar buenos resultados en periodos de demanda creciente. Funcionan muy bien para detectar la necesidad de hacer ampliaciones de plantilla, generar mayor área productiva, aumentar el inventario disponible o presentar expectativas positivas para buscar financiación. Sin embargo, estos modelos reaccionan tarde y se ajustan mal cuando existe volatilidad de la demanda.

Además, también **pueden existir otras restricciones** (limitaciones de la capacidad de producción, unidades mínimas de fabricación, capacidad máxima de almacenamiento, programa de entregas a clientes, etc.), que pueden hacer fracasar el plan de suministro establecido para responder a la estimación de la demanda.

Un proceso de planificación de ventas y operaciones, poniendo en común y analizando de manera conjunta las informaciones provenientes de las áreas de ventas, producción y finanzas, permite evidenciar

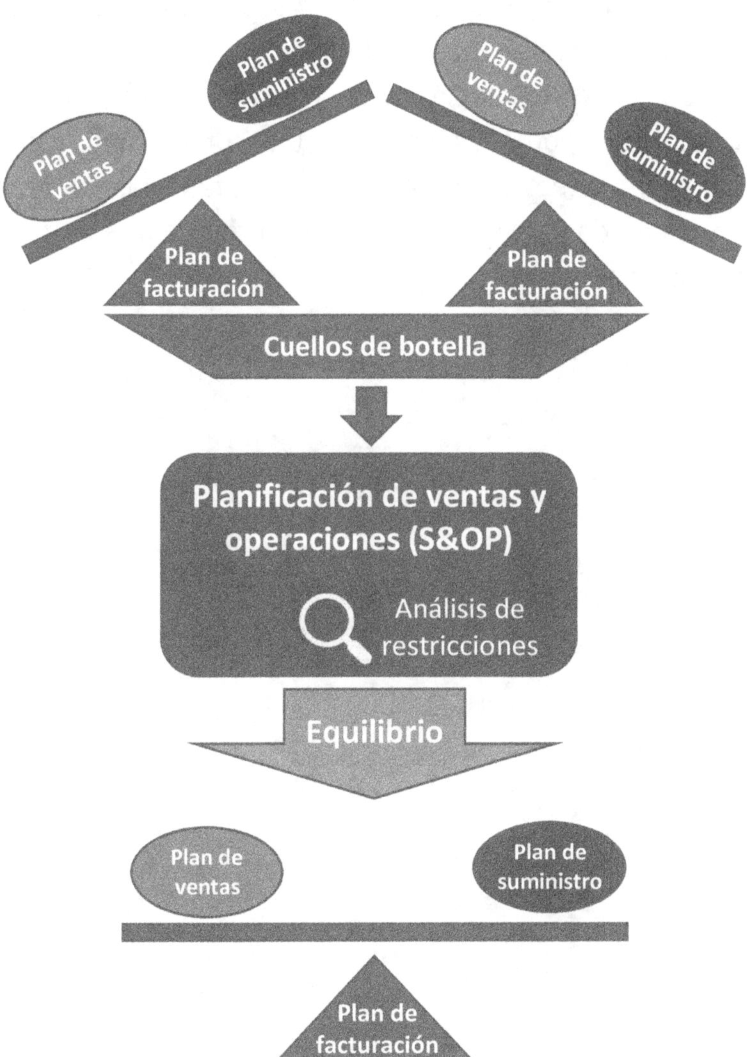

Plan de suministro
Plan de ventas
Plan de ventas
Plan de suministro
Plan de facturación
Plan de facturación
Cuellos de botella
Planificación de ventas y operaciones (S&OP)
Análisis de restricciones
Equilibrio
Plan de ventas
Plan de suministro
Plan de facturación

cuáles son las restricciones reales que se deben gestionar.

En definitiva, el S&OP trata de suavizar el efecto de las fluctuaciones de la demanda del mercado, así como los efectos de los demás cuellos de botella que pueden existir en la organización, y actúa como catalizador para evitar efectos bruscos que repercutan en la cuenta de resultados, y lograr un equilibrio final entre ventas y operaciones.

13

Los presupuestos generales

Un gran beneficio de un proceso de planificación de ventas y operaciones es que ayuda a desarrollar los presupuestos generales de las empresas.

El S&OP es un plan agregado que da una visión global, pero que **parte de información con un elevado nivel de detalle**. Cada capacidad productiva se reserva para un trabajo concreto, aunque es la suma agrupada de toda la cartera de pedidos esperados la que da la información con la que tomar decisiones estratégicas, tales como una ampliación o reducción de la plantilla, o la adquisición de nueva maquinaria o nuevos espacios de trabajo. Así, permite disponer de elementos para elaborar un criterio prudente antes de asumir ciertos gastos e inversiones.

Información con alto nivel de detalle
Planificación de ventas y operaciones (S&OP)
• Pronósticos
• Planes
• Adaptación para equilibrar la producción
Tabla maestra
Presupuesto general
Presupuestos para las diferentes áreas de la empresa

El S&OP permite a la vez conocer, de acuerdo con la demanda esperada para el próximo ejercicio, por ejemplo, el volumen de ventas, su margen, los costos de mano de obra o los materiales asociados. Con estas informaciones, es factible establecer presupuestos para las distintas áreas.

Es decir, sabiendo lo que se estima vender y con qué margen, se puede calcular lo que se va a facturar y cuándo se cobrará. Por otro lado, se conoce la plantilla necesaria y los recursos asociados para responder a la demanda esperada, con lo que se pueden calcular los costos de personal y el material a aprovisionar para la ejecución de los trabajos necesarios. Sobre la base del balance final obtenido, se pueden tomar decisiones estratégicas como una expansión del negocio o el desarrollo de nuevos productos.

Con una **tabla maestra** asociada o un sistema informático que lo relacione todo, se dispondrá de todos los valores clave: valor de los trabajos, fecha de llegada de los materiales al centro de producción, fecha de salida de los productos terminados, fechas de facturación y cobro, etc.; todos ellos hitos clave para la elaboración de los presupuestos generales.

14

Pronósticos y planes

Un proceso de planificación de ventas y operaciones permite pronosticar **el volumen y la tipología de aprovisionamientos** necesarios. A partir de esta previsión se puede generar un plan de compras que ayudará en la negociación con los proveedores.

También se puede **gestionar el proceso logístico** de distribución y planificar las expediciones de cargas, asegurando la disponibilidad y la coordinación de los medios de transporte necesarios, situados en el lugar y el momento preciso para cargar y distribuir dentro de los plazos y los costos requeridos.

Del mismo modo, se puede presentar un **plan de producción** y se pueden gestionar las existencias y

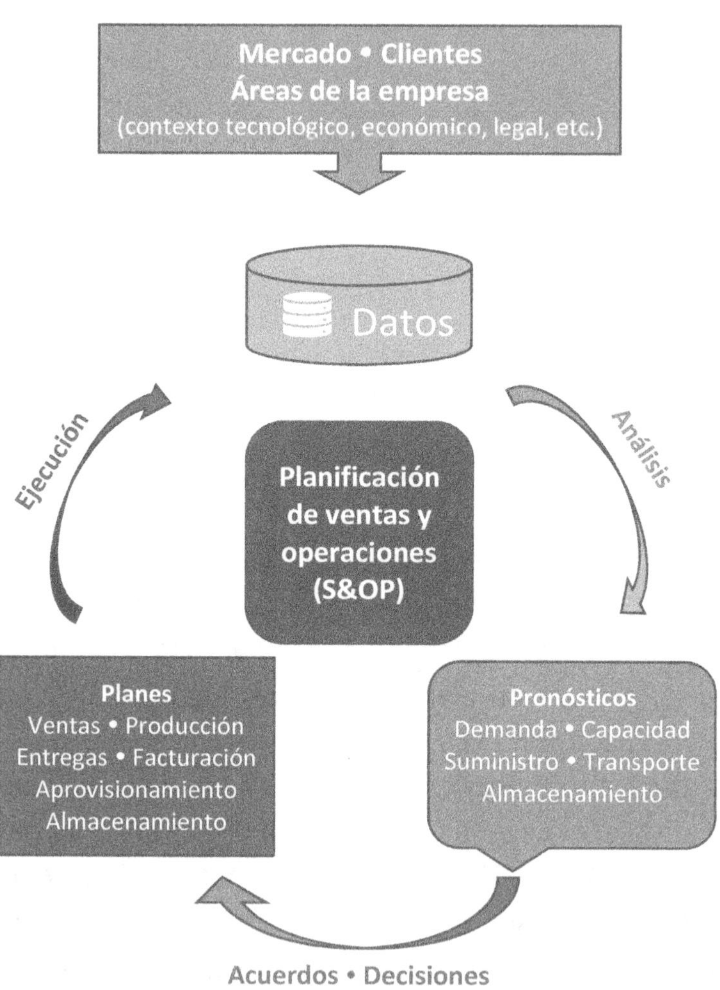

Mercado • Clientes
Áreas de la empresa
(contexto tecnológico, económico, legal, etc.)
Datos
Ejecución
Análisis
Planificación de ventas y operaciones (S&OP)
Planes
Ventas • Producción
Entregas • Facturación
Aprovisionamiento
Almacenamiento
Pronósticos
Demanda • Capacidad
Suministro • Transporte
Almacenamiento
Acuerdos • Decisiones

planificar la disponibilidad de espacios de **almacena-miento**.

Además de desarrollar estos planes, se pueden realizar los pronósticos de la actividad, ajustando los presupuestos generales a una expectativa más realista según acontece la actividad y se consolidan las cifras reales. El S&OP, en ese caso, permite analizar qué factores han provocado las variaciones de margen: el volumen, el tipo de producto, el precio o el costo, por ejemplo.

Es decir, en términos generales, permite anticiparse a cualquier deterioro del nivel de desempeño de la empresa y reaccionar de manera oportuna.

El S&OP es, por tanto, un proceso que se fundamenta en la planificación basada en los análisis de datos y en la replanificación para adaptar las operaciones a las circunstancias de cada momento, pero sobre todo en la comunicación fluida y en la transparencia a la hora de difundir las informaciones clave.

En definitiva, a través de un proceso de planificación de ventas y operaciones, desde la alta dirección se muestra **una única verdad para la empresa**.

Casos prácticos

Caso práctico

1

La persona responsable de logística de una empresa farmacéutica implementa el plan de fabricación como entrada de su proceso de expediciones.

Este plan de producción se modifica con cierta frecuencia de acuerdo con las restricciones que la cadena de suministro genera, al recibir tarde ciertos elementos, o cuando existen problemas en el propio proceso de producción, tales como paradas de maquinaria o medicamentos resultantes no conformes que son rechazados mediante técnicas de control.

Los retrasos en el proceso productivo originan una replanificación que el área de producción realiza siguiendo su propio criterio.

En un momento dado, el área de logística detecta que últimamente un mismo cliente está siendo el gran perjudicado por los retrasos acumulados. Todos los pedidos de este cliente están teniendo una tasa de servicio deficiente, al acumular retrasos en todas sus entregas.

Preocupada por la satisfacción del cliente, la persona responsable del área de logística habla con la responsable del área de producción. Al parecer, se está dando prioridad a ciertos pedidos de un cliente clave de manera sistemática, lo que provoca que los de otros clientes, al ser equivalentes, queden relegados a la cola, alargándose el plazo de procesado.

El área de logística no puede determinar por sí misma si el cliente clave al que se está favoreciendo es más importante o no que el cliente al que se está perjudicando, aunque le parezca excesiva la cantidad de lotes retrasados y el retraso acumulado por lote.

Esta es una situación recurrente en muchas empresas. Se tiende a solucionar un cuello de botella perjudicando a un cliente o a ciertos pedidos, sin hacer un análisis real de la situación.

El S&OP permite analizar conjuntamente con todas las áreas de la empresa las situaciones conflictivas entre las demandas y las entregas.

Con el S&OP, se habría debatido el problema de capacidad o de retraso en la entrega de materiales, se habría estimado la demanda factible de ser servida, y se habrían priorizado unos trabajos sobre otros en el tiempo, atendien-

Sin S&OP

- No se analizan convenientemente las causas de los cuellos de botella.

- El área de producción modifica el plan de producción sin contar con otros criterios.

- Se perjudica a un cliente, que puede ser estratégicamente importante.

Con S&OP

- Se analizan los cuellos de botella y se detectan las restricciones que los provocan.

- Se modifica el plan de producción de manera consensuada.

- Se estudian las posibles consecuencias de cada replanificación.

do a su contribución a los resultados de la empresa, al costo de oportunidad y a la criticidad de la situación para el cliente y, por tanto, al perjuicio comercial que se produciría.

Quizás el cliente perjudicado era una pieza estratégica para el posicionamiento de la empresa en un determinado país, y era preferible no ofrecerle un servicio deficiente. Quizás algún lote de dicho cliente podría haber soportado un retraso, pero no otros. Si se le hubiera consultado a través del equipo comercial y se le hubiera ofrecido información transparente, el cliente hubiera podido entender la situación y contribuir activamente a mejorar los resultados.

Caso práctico

2

Se realizan los presupuestos generales en una empresa tomando como referente los del año anterior. Se estima un crecimiento del 3 %, dado que es lo que el país estima para el producto interior bruto (PIB). Por tanto, se mantiene la plantilla y, además, se compran algunos terrenos porque su precio resulta atractivo.

Repentinamente, el sector cae debido a la irrupción de nuevas tecnologías que propician la aparición de productos alternativos que antes resultaban inviables. A esto se suma una situación de incipiente crisis económica en el país, de la que aún no se han hecho análisis que permitan corregir las previsiones de crecimiento

Sin S&OP

- No se analiza la información de todas las áreas de la empresa antes de tomar decisiones.

- Se planifica tomando como referencia predicciones poco fiables.

- El área financiera no conoce algunas decisiones o planificaciones.

Con S&OP

- Se analizan de manera conjunta los datos de todas las áreas de la empresa.

- Se hacen pronósticos y se planifica conforme a ellos.

- El área financiera tiene pleno conocimiento de todas las planificaciones de la empresa.

del PIB. El resultado es una reducción del 30 % de los ingresos de la empresa.

La situación es de emergencia total.

Con el S&OP, el equipo comercial habría advertido a la alta dirección sobre la ausencia de pedidos o de expectativas de crecimiento para el ejercicio siguiente, así como de algunos cambios negativos que ya se detectaban en el mercado. De acuerdo con ello, la plantilla se habría ajustado, no se habrían realizado inversiones y se habría puesto en marcha un análisis más profundo del escenario que se podía producir en el futuro inmediato.

Caso práctico

3

El director general de una empresa fabricante de equipos de frío industrial, con una amplia oferta de distintas gamas y tamaños, paga a su equipo comercial un salario variable según la facturación mensual que hayan aportado a la compañía.

Esta empresa es líder nacional en equipos de cierta complejidad, especialmente en el desarrollo de proyectos a medida. Sin embargo, en los equipos de menor tamaño compite con un elevado número de pequeños fabricantes, y pierde un importante porcentaje de mercado.

La directora comercial de la región centro es la que aporta el 65 % de la facturación total, ya que es la que opta a ofertar a las grandes empresas nacionales, pero está empleando todos sus esfuerzos en vender los equipos grandes porque son los que mayor facturación le reportarán.

En un momento determinado, el director de producción habla con la dirección de la empresa para comunicarles que el personal de montaje en las líneas de producción de los equipos de menor envergadura está parado. De hecho, mientras las líneas de producción de equipos grandes están siendo un cuello de botella para la entrega de producto terminado, otro personal no tiene carga de trabajo y no puede desarrollar otras tareas porque no está preparado para ellas y no pueden operar con máquinas cuya complejidad excede su conocimiento.

En la implantación de un proceso de planificación de ventas y operaciones, durante el estudio de las capacidades y el ajuste de la carga de trabajo de las distintas líneas de producción, el propio proceso hubiera indicado la necesidad de recibir más pedidos de equipos de gama pequeña.

Tras un análisis de por qué habían caído las ventas de estos productos, se habría detectado que estas gamas no se estaban ofertando porque el equipo comercial tiende a esforzarse en lo que más facturación le reporta y, por tanto, más bonificaciones o salario.

Así, a partir de ese primer análisis, se habrían dado las condiciones para:

Sin S&OP

- Se tiene una visión incompleta de la situación de la empresa.

- No se estima la carga de trabajo basada en datos reales.

- Los planes estratégicos se diseñan sin tener en cuenta la información de todas las áreas.

Con S&OP

- Se estudia la carga de trabajo, el nivel de capacidad disponible, y se analizan tendencias y restricciones.

- Se conoce la realidad de la empresa, y las causas de las desviaciones.

- Se replanifica, de manera que la empresa se pueda adaptar a las circunstancias de cada momento.

- Realinear los propios objetivos de la empresa con los del equipo directivo y el resto de personal. Mientras a la organización le interese alimentar todas las líneas de trabajo actuales, se desprenderá que es necesario premiar a los comerciales por alcanzar objetivos de facturación en cada una de las gamas, y no por una facturación global.

- Si en adelante se valorara que la empresa no es competitiva en la gama pequeña por el elevado número de competidores y que, aunque se premie al equipo comercial, no se consiguen pedidos excepto si la rentabilidad es muy reducida, se podría dejar esa gama como un producto residual y formar al personal asociado para hacerle polivalente con el de la gama de equipos grandes.

Caso práctico

4

Una empresa japonesa fabricante de material eléctrico dispone de un almacén de distribución en las cercanías de una gran ciudad. Una de las ventajas que ofrecen es su excelente plazo de entrega en toda la zona centro, en un máximo de 24-48 horas, de cualquier referencia, para lo que disponen de existencias garantizadas para el abastecimiento continuo.

La tendencia de consumo de los últimos meses ha sido ascendente, y la fábrica ha enviado desde Japón niveles de *stock* altos para que la tasa de servicio no falle.

Varios clientes han suspendido el contrato de distribución con la empresa en el último mes, debido al reciente incremento de precios en las listas remitidas por el departamento comercial.

Sin S&OP

- La demanda se estima mediante modelos lineales, que solo tienen en cuenta la tendencia histórica, no las posibles fluctuaciones y cambios en el mercado.

- Se hacen cambios sin analizar las posibles consecuencias, como por ejemplo el aumento de precios.

Con S&OP

- El plan de suministro se diseña sobre previsiones que se debaten entre todas las áreas de la empresa.

- Se analizan en detalle las tendencias del mercado.

- Se revisa el efecto que tienen los cambios que se introducen, y se replanifica cuando es necesario.

A final de año, el inventario muestra cifras alarmantes, y la central en Japón no entiende cómo se ha podido disponer de tanto activo en un centro de distribución sin darle salida.

A través de un proceso de planificación de ventas y operaciones, la reposición de nuevo material no habría sido estimada en función del histórico de entregas y la tendencia pasada, sino basada en las previsiones futuras discutidas con el equipo de ventas. El equipo comercial habría comentado sus expectativas de realizar menos ventas a lo largo del ejercicio, debido a las nuevas listas de precios y a la negativa de muchos clientes de aceptarlas.

Así, se habría determinado el *stock* idóneo para el nuevo mercado potencial y para garantizar la entrega satisfactoria. También, si el impacto comercial de los nuevos precios se demuestra que es mayor que el estimado, se podrían hacer excepciones en los precios para ciertos pedidos para dar salida al material evitando un gran inventario y su obsolescencia.

Caso práctico

5

Una pyme tiene un comercial cuyo objetivo es vender lo que la fábrica le indica que va a terminar de producir la semana siguiente. Para ello, el comercial emplea el descuento necesario para ubicar la mercancía en producción en un cliente evitando su almacenamiento, debido a que no disponen casi de espacio para este fin.

Cada vez que se fuerza la venta, los márgenes se reducen tanto que la empresa actualmente está en pérdidas.

Con un S&OP se hubieran analizado desde las distintas áreas los márgenes de los productos que se comercializan y cómo afecta el conjunto combinado de los mismos en volumen a los márgenes generales y al beneficio operativo, de manera que se podrían haber

Sin S&OP

- El plan de ventas y el plan de producción no se concilian de manera rentable para la empresa

- No se tiene una visión global de la empresa, por lo que no se detectan situaciones problemáticas.

- No se optimiza la rentabilidad.

Con S&OP

- Se plantean estrategias basadas en análisis con información realista y completa.

- Se optimiza la producción sobre la base de estimaciones de ventas que provienen de la información del área comercial.

PLANIFICACIÓN DE VENTAS Y OPERACIONES S&OP EN 14 CLAVES

trazado estrategias comerciales diferentes que evitaran erosionar la rentabilidad de la empresa. Así, se hubiera podido optar por actuaciones como las siguientes:

- No vender antes que hacerlo a un precio excesivamente bajo o no fabricar, a pesar del costo de disponer de operarios parados o maquinaria sin trabajar. Un factor relevante en este caso es el costo de materiales frente a las horas de trabajo implicadas.
- Almacenar los productos antes que vender por debajo del costo, si se prevé que se podrá vender a un margen mayor en un plazo razonable de tiempo.
- Un apoyo comercial desde la dirección de la empresa.
- Completar los productos con elementos adicionales, como ampliaciones de garantías, servicios postventa, etc., que no implicaran necesariamente la reducción del margen comercial.

Colección: Gestiona
Director: David Soler

Planificación de ventas y operaciones S&OP en 14 claves
1.ª edición, 2017
© Cristina Peña Andrés
© de esta edición, incluido el diseño de la cubierta, ICG Marge, SL
© fotografía de la cubierta: Shutterstock, r.classen
Infografías: Alberto Tundidor

Edita: Marge Books
Avda. Alcalde Moix, 28 - 08207 Sabadell (Barcelona)
Tel. 931 429 486 - marge@margebooks.com
www.margebooks.com

Gestión editorial: Hèctor Soler
Edición: Alba Megías, Cristina Torres
Compaginación: Mercedes Lara
Impresión: Safekat, SL (Madrid)

ISBN: 978-84-16171-65-1
Depósito Legal: B 14643-2017

El papel empleado en este libro no ha sido blanqueado con cloro elemental (Cl_2).

**Lean Six Sigma Yellow Belt.
Manual de certificación**

Lean Six Sigma Institute

**Cómo participar en ferias
comerciales**

Cristina Peña Andrés

**Manual del comercio
electrónico**

*Eva María Hernández Ramos,
Luis Carlos Hernández Barrueco*

**Manual de estrategia
de operaciones**

Ángel Caja Corral

**Cerebro, inteligencias
y mapas mentales**

*Zoraida G. de Montes,
Laura Montes G.*

**La Industria 4.0
en la sociedad digital**

*Antoni Garrell Guiu,
Llorenç Guilera Agüera*

**Manual de transporte para
el comercio internacional**

Cristina Peña Andrés

**Manual de prevención
de riesgos laborales**

Blas Gómez

**Mass customization.
Las claves de la
personalización masiva**

Blas Gómez Gómez

**n Six Sigma. Sistema
gestión para liderar
presas**

Socconini, Carlo Reato

**Lean Company. Más allá
de la manufactura**

Luis Socconini

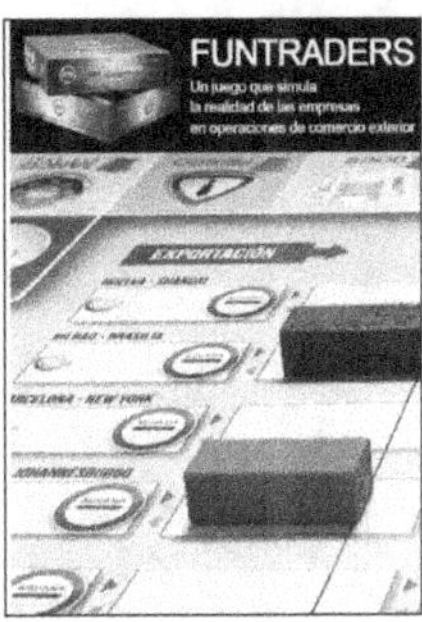

**FUNTRADERS
Un juego para aprender
comercio internacional**

**n Energy 4.0.
a de Implementación**

Socconini, Juan Pablo Martín

**Lean Manufacturing.
Paso a paso**

Luis Socconini

**Lean Services.
Certification Manual**

Luis Socconini

**nual del manipulador
alimentos**

Gómez

**Manual de gestión aduanera.
Normativas del comercio
internacional y modelos de
integración económica**

Pedro Coll

**Técnicas para ahorrar
costos logísticos. Aurum 2**

Luis Carlos Hernández Barrueco

València, 558 – 08026 Barcelona – Tel. +34-931 429 486 – marge@margebooks.com – www.margebooks.com